PROSPECTUS.

APOTHÉOSES ET IMPRÉCATIONS

DE PYTHAGORE

Un vol. in-4°.

PYTHAGORE ne se contenta point de donner aux hommes des loix sublimes. Juge et législateur du genre humain, il marqua le crime d'un sceau ineffaçable. Il divinisa la vertu. On a extrait de ses meilleurs biographes, et de S. MARÉCHAL en particulier ces apothéoses et ces imprécations. Il en résulte un monument précieux et unique de la société primitive.

Mais ce livre sera plus précieux encore à le considérer comme simple curiosité bibliographique.

Il ne sera tiré qu'à SEIZE exemplaires, tous numérotés, sur grand papier vélin choisi, et en lettres capitales. Chaque exemplaire sera relié en papier rouge maroquiné, par NOEL.

La célébrité de PYTHAGORE, l'intérêt de la matière, l'extrême rareté de l'ouvrage, la magnificence de son exécution, tout concourt à le recommander aux amateurs.

La souscription sera fermée le 1.er octobre. Le prix est de vingt-quatre francs qui doivent être déposés avant le temps fixé, chez Mr. DEIS, libraire, Grande rue, à Besançon. Le terme expiré, aucune demande ne sera reçue.

Les lettres doivent être affranchies.

Les valeurs qui arriveroient trop tard, et le nombre des souscriptions exigées déjà complet, seront renvoyées sans retard.

IL N'Y A QUE DIX-SEPT EXEMPLAIRES,
TOUS NUMÉROTÉS.

V I I.

MONSIEUR GABRIEL PEIGNOT.

APOTHEOSES

ET

IMPRECATIONS

APOTHEOSES

DE

PYTHAGORE.

A CROTONE.

PROLEGOMENES

DE

L'EDITEUR.

PYTHAGORE
NE SE CONTENTA POINT
DE DONNER AUX HOMMES
DES LOIS SUBLIMES.
JUGE IMPARTIAL
DU GENRE HUMAIN,
IL MARQUA LE CRIME D'UN SCEAU INEFFAÇABLE.
IL DIVINISA LA VERTU.

LES ARRÊTS QU'IL NOUS A LAISSÉS
FONT LA MATIÈRE DE CE LIVRE,
MONUMENT UNIQUE
ET
PRÉCIEUX
DE LA SOCIÉTÉ PRIMITIVE.
COMPILATEUR OBSCUR,

JE N'AI FAIT QU'EN RASSEMBLER
LES ÉLÉMENS.
JE LES CONSACRE
A LA GLOIRE
DE PYTHAGORE.

QUE NE PUIS-JE IMMORTALISER,
COMME LUI,
LES SOUVENIRS QUI ME SONT CHERS,
ET QUE JE VOUDRAIS DONNER
A LA POSTÉRITÉ !
POURQUOI LA SENSIBILITÉ
N'A-T-ELLE PAS LES MÊMES DROITS
QUE LE GÉNIE ?

ô ! COMBIEN JE ME PLAIRAIS ALORS
A CONSERVER DANS CES PAGES
LA MÉMOIRE DE TOUS CEUX
DONT LE POUVOIR A PROTÉGÉ MA VIE,
DONT LES SAVANTES ÉTUDES
L'ONT ÉCLAIRÉE !

AVEC QUEL ORGUEIL
J'Y TRACERAIS VOS NOMS RESPECTÉS,
REGNAULD DE SAINT JEAN D'ANGELY,
GIROD DE CHANTRANS,
JEAN DE BRY,
ROUJOUX.

QUE JE SERAIS FIER DE VOS LEÇONS
ET DE VOTRE AMITIÉ,
BERNARDIN DE SAINT PIERRE,
CHATEAUBRIAND,
GLEIZES,
BALLANCHE,
SÉNANCOUR,
WEIS,
DUSILLET,
CONSIDÉRANT,
TERCY,
BENJAMIN CONSTANT,
BONNEVILLE.

DE QUELLE PROFONDE AMERTUME
JE ME SENTIRAIS PÉNÉTRÉ,
EN GRAVANT ICI,
COMME AU BAS DU CIPPE MODESTE
QUE J'AI DÉDIÉ
A LEURS MANES,
LES NOMS TOUJOURS AIMÉS
DE MAURICE
ET
DE LUCILE!

MAIS C'EST A TOI QUE JE DEVRAIS
LA PLUS DOUCE DE CES CONSÉCRATIONS,
Ô LE MEILLEUR DES HOMMES!

TOI DONT LE COEUR NE S'OUVRIT JAMAIS

QU'A DES SENTIMENS GÉNÉREUX ;

TOI QUI JOIGNIS TOUTE TA VIE

LA SIMPLICITÉ DES PATRIARCHES

A LA SAGESSE DES PHILOSOPHES ;

TOI DONT J'AURAIS VOULU, POUR TOUTE GLOIRE,

ET POUR TOUT BONHEUR,

ÊTRE LE SERVITEUR

OU

LE DISCIPLE,

SI LA NATURE PLUS FAVORABLE

NE T'AVAIT PAS FAIT MON PÉRE !

APOTHÉOSES DE PYTHAGORE.

CROTONIATES,
GARDEZ LA MÉMOIRE
D'ACHELOUS,
MAGISTRAT SUPRÊME D'ÉTOLIE,
QUI LE PREMIER
MIT DE L'EAU DANS LE VIN.

CROTONIATES,
GARDEZ LE SOUVENIR
D'ÆAQUE,
LÉGISLATEUR D'EGINE.
LES INSULAIRES N'ÉTAIENT QUE DES INSECTES,
IL EN FIT DES HOMMES.

LÉGISLATEURS,
GARDEZ LE SOUVENIR
D'AGÉNOR,

PREMIER MAGISTRAT DES ARGIENS,
SAVANT DANS L'ART
DE GOUVERNER LES TROUPEAUX.

FEMMES DE CROTONE,
CRAIGNEZ DE TRAITER DE FABLE
L'AMOUR CONJUGAL D'ALCESTE.

CROTONIATES,
HONOREZ LA MÉMOIRE
D'AMPHIARAUS. (1
QUOIQUE ROI ET SAGE,
IL S'ÉTUDIA TOUTE SA VIE,
NON PAS A PARAITRE JUSTE,
MAIS A L'ÊTRE.

NATIONS ITALIQUES,
HONOREZ LA MÉMOIRE
D'AMPHICTION,
FILS D'HÉLENUS,
INVENTEUR DU LIEN FÉDÉRATIF
QUI PORTE SON NOM.

---

1) FATIDICUS REX. STAT.

HONOREZ LA MÉMOIRE
D'AMPHION,
LÉGISLATEUR DE THÈBES.
IL FIT DES HOMMES
AVEC DES PIERRES!

ÉPOUSE D'UN INCONSTANT,
RAPPELLE-TOI ANDROMAQUE.
ELLE ALLAITA
LES ENFANS D'HECTOR
QUI N'ÉTAIENT PAS LES SIENS.

CITOYENNES DE CROTONE,
HONOREZ LE SOUVENIR
D'ANTIGONE,
FILLE D'ŒDIPE.
ELLE RENONÇA A L'HYMÉNÉE
ET AU TRONE,
POUR SERVIR DE GUIDE
A SON PÈRE,
AVEUGLE, PAUVRE,
PERSÉCUTÉ.

CROTONIATES,
HONOREZ LE FONDATEUR
DE L'ARÉOPAGE.

PEUPLES ITALIQUES !
GARDEZ LE SOUVENIR
D'ASTREUS,
SI ÉQUITABLE QU'IL FUT NOMMÉ
LE PÈRE DE LA JUSTICE.
HÉLAS !
SA FILLE MOURUT AVEC LUI.

HONOREZ LE NOM
DES ATHÉNIENS,
S'ILS FURENT LE PREMIER PEUPLE
QUI SUT SE GOUVERNER LUI-MÊME.

CROTONIATES,
RAPPELLEZ-VOUS AU BESOIN
LE NOM D'ATIS,
ANCIEN ROI DE LYDIE,
INVENTEUR DE DIFFÉRENS JEUX
PROPRES A DÉROBER AU PEUPLE
LE SENTIMENT
DE SA MISÈRE.

CROTONIATES ,
IMITEZ LES AUGILEMANES. (1

1) OU AUGILITES. POMP. MELA.

QUI N'ENTREPRENAIENT RIEN
SANS CONSULTER
LEURS ANCÊTRES.
N'AYEZ DE TRÉPIEDS
QUE LEURS TOMBEAUX.

BÉNISSEZ LA MÉMOIRE
D'AXYLE,
FILS DE TEUTHRAS,
CITOYEN D'ARISBE, EN PHRYGIE.
IL BATIT SA MAISON
SUR LE GRAND CHEMIN,
POUR EXERCER PLUS SOUVENT
L'HOSPITALITÉ.

CITOYENNES DE CROTONE,
QUI REDOUTEZ DE VIEILLIR,
RAPPELLEZ-VOUS
BAUCIS ET PHILÉMON.

HONOREZ LE SOUVENIR
DE BELLEROPHON,
QUI REPOUSSA LES VOEUX
D'UNE ADULTÈRE.

CITOYENNES CROTONIATES,
HONOREZ BELLONE,
NON PAS
LA SŒUR DE MARS,
MAIS CELLE QUI A INVENTÉ L'AIGUILLE.

HONOREZ LE SOUVENIR
DE BOUDHA (1
UN DES PREMIERS LÉGISLATEURS
DE L'INDE.

CONSERVEZ LE SOUVENIR
DE BRAMAH
LÉGISLATEUR DE L'INDE,
N'EUT-IL FAIT QUE SOUSTRAIRE
A LA VORACITÉ DES HOMMES
LA VACHE BIENFAISANTE.

HOMMES ET FEMMES,
HONOREZ TOUS LA MÉMOIRE
DE LUCIUS JUNIUS BRUTUS.

1) OU FO.

JEUNES FILLES DE CROTONE,
GARDEZ LE SOUVENIR
DE CALYCÉ,
QUI MOURUT A LEUCADE
PLUTOT QUE DE VIVRE
AVEC SON AMANT,
REBELLE A L'HYMÉNÉE.

CROTONIATES,
HONOREZ LE SOUVENIR
DE CAUNUS,
LÉGISLATEUR DES LELÉGES. (1
IL AIMA L'ÉGALITÉ.

DÉFENDEZ LA MÉMOIRE
DE CENEUS,
CONTEMPORAIN DE NESTOR
ET DE THESÉE.
LES DIEUX SOMMEILLAIENT.
CENEUS
PLANTA SA LANCE
AU MILIEU DES PLACES PUBLIQUES.
IL DIT:
VOICI LA DIVINITÉ
SECOURABLE

1) EN CARIE.

ET
TERRIBLE.
JUSTICE AUX BONS,
CHATIMENT AUX MÉCHANS.
ET LES MÉCHANS
L'ONT APPELLÉ IMPIE.

CROTONIATES,
HONOREZ LE SOUVENIR DE CÉPHALE
QUI POLIT LES MŒURS
DES FEMMES D'ITHAQUE.

PEUPLES EN RÉPUBLIQUE,
SOUVENEZ-VOUS
DE CHILON.
IL DISAIT,
OU LA LOI PARLE,
QUE LES ORATEURS SE TAISENT.

CITOYENNES DE CROTONE,
VOYAGEZ A CIO ;
LES FEMMES Y SONT CHASTES,
ET LES FILLES VIERGES.

PEUPLES EN RÉPUBLIQUE,
GARDEZ LE SOUVENIR

DE CLÉOBULE,
UN DES SEPT SAGES.
IL DISAIT :
POINT DE BON ÉTAT,
LA OU L'ON NE S'ABSTIENT
DU CRIME,
QUE DE CRAINTE
DU CHATIMENT.

HONOREZ LA MÉMOIRE
DE CRÉOPHYLE,
LE SAMIEN.
IL DONNA L'HOSPITALITÉ
A HOMÈRE PAUVRE.

CROTONIATES,
GARDEZ UN SOUVENIR
DE RECONNAISSANCE
A CTÉSIBIUS,
QUI A INVENTÉ
LES POMPES HYDRAULIQUES.

GARDEZ LE SOUVENIR
DE CYDON.
IL SE FIT UN DEVOIR

D'EXERCER L'HOSPITALITÉ
UNE FOIS PAR JOUR.

FAMILLE DU LABOUREUR,
HONORE LE SOUVENIR
DE CYRUS.
S'IL FIT DU MAL AUX VILLES SUPERBES,
IL MÉNAGEA LES HAMEAUX.

CROTONIATES,
GARDEZ LA MÉMOIRE
DE DANAUS,
LE PREMIER GREC
QUI CREUSA DES CITERNES.

SOUVENEZ-VOUS
DE DAPHNIS,
SICILIEN,
LE PREMIER QUI INVOQUA
LA MUSE BUCOLIQUE.

HONOREZ DEUCALION
QUI SUT LA MÉTEMPSYCOSE
DES PIERRES EN HOMMES.

FEMMES DE CROTONE,
GARDEZ LE SOUVENIR
DE DIDON.
ELLE PRÉFÉRA LE BUCHER
A UNE UNION
DÉSAVOUÉE PAR SON CŒUR.

CONSERVEZ LA MÉMOIRE
DE DIOMÉDE.
IL FUT IMPIE, MAIS BRAVE.

LÉGISLATEUR,
MODÈLE TOI SUR DRACON.
CHATIE SÉVÈREMENT LES VICES
POUR N'AVOIR POINT DE CRIMES
A PUNIR.

CITOYENNES DE CROTONE,
HONOREZ LA MÉMOIRE
DE DYANESSE,
MÈRE DE LICURGUE.

CITOYENNES DE CROTONE,
IMITEZ LA MODESTIE ET LA SAGESSE

DE LA NYMPHE ÉGÉRIE,
CHÈRE A NUMA.

CROTONIATES,
GARDEZ LE SOUVENIR
D'ÉLECTRION,
PÈRE D'ALCMÈNE.
HÉSIODE,
DANS LE POEME DU BOUCLIER,
L'APPELLE
DÉFENSEUR DES PEUPLES.

GARDE LE SOUVENIR
D'ÉLÉUSINUS,
UN DES PREMIERS LÉGISLATEURS
DE L'ATTIQUE,
POUR AVOIR INSTITUÉ LES FÊTES
DE CÉRÈS QUI FAIT LES LOIS. (1

CONSERVE LE SOUVENIR
DU BERGER ENDYMION,
LE PREMIER ASTRONOME
QUI AIT OBSERVÉ LA LUNE.
FEMMES DE CROTONE,
RAPPELLEZ-NOUS LES DANSES DIVINES
QU'IL INVENTA.

1) OU THESMOPHORE.

HONOREZ LA MÉMOIRE
D'ÉPIMÉNIDE.
IL NE DORMIT PAS TOUJOURS.
SES AVIS PROFITÈRENT A SOLON,
ET FURENT DÉDAIGNÉS
DES CRÉTOIS.

CROTONIATES,
QUE LE NOM D'ERECHTONIUS
VOUS RAPPELLE LES TEMPS
OU LE PEUPLE
N'ACCORDAIT LES GRANDES MAGISTRATURES
QU'AUX GRANDS BIENFAITS.
CE QUATRIÈME ROI
DES ATHÉNIENS
LEUR APPRIT A SEMER DU BLÉ.

CITOYENNES CROTONIATES,
GARDEZ LE SOUVENIR
D'ÉRIGONE,
FILLE PIEUSE,
QUI NE VOULUT POINT SURVIVRE
A SON PÈRE.

NATIONS MARITIMES.
FAITES MÉMOIRE D'ÉRYTRAS

L'INVENTEUR DU RADEAU.
QUE LA NAVIGATION
N'EN RESTA-T-ELLE A CE POINT!
QUE DE CRIMES ÉPARGNÉS!

GARDE LE SOUVENIR
D'ESYMNUS.
IL DÉCIDA LES MÉGARIENS,
SES COMPATRIOTES,
A SUBSTITUER AUX CAPRICES
DES VIVANS
L'EXEMPLE DES MORTS.

CITOYENNES DE CROTONE,
GARDEZ LE SOUVENIR
D'EUMARCIS,
LE PREMIER D'ENTRE LES ARTISTES
QUI REPRÉSENTA UNE FEMME.

CROTONIATES,
ÉLEVEZ UN TEMPLE
AUX EUMÉNIDES,
GARDIENNES DES LIMITES,
PROTECTRICES DES HÉRITAGES,
ET VENGERESSES
DES PROPRIÉTÉS ENVAHIES.

HONORE LE SOUVENIR D'EUMOLPE,
QUI A, LE PREMIER,
EMBELLI LA SAGESSE
DES CHARMES DE L'HARMONIE.

GARDEZ LE SOUVENIR
D'EUMOLPIUS,
INVENTEUR DE LA GREFFE.

CITOYENNES DE CROTONE,
HONOREZ LA MÉMOIRE
DE FAUNA,
MODÈLE DES ÉPOUSES
ET DES VEUVES.
IL N'EXISTA JAMAIS POUR ELLE
QU'UN SEUL HOMME.

CROTONIATES,
GARDEZ LE SOUVENIR
DE GORDIUS,
LABOUREUR-ROI.
LES PHRYGIENS, SES COMPATRIOTES,
JUGERENT CAPABLE DE DIRIGER
LE TIMON D'UN ÉTAT,
CELUI QUI SAVAIT CONDUIRE
LE SOC D'UNE CHARRUE.

CROTONIATES,
HONOREZ LE SOUVENIR
D'HARMODIUS
ET
D'ARISTOGITON.

HONORE LE NOM
D'HARPOCRATE:
C'ÉTAIT UN SAGE
QUI PARLAIT PEU.
PARDONNE AU PEUPLE
D'EN FAIRE LE DIEU DU SILENCE.

CROTONIATES,
RENDEZ UN CULTE
AUX DIEUX SOBRES.
QUELQUES LÉGUMES SUFFISENT
A HARPOCRATE.

CROTONIATES,
HONOREZ LE SOUVENIR
D'HERCULE.
IL NE S'ARMA D'UNE MASSUE
QUE POUR PROTÉGER LA JUSTICE.

LÉGISLATEURS ET MAGISTRATS,

HONOREZ LA MÉMOIRE
D'HERMÈS,
ET CONSULTEZ SES LIVRES.
IL INVENTA
L'ART DE PARLER AU PEUPLE.

CROTONIATES,
HONOREZ LE SOUVENIR
D'HERMÈS,
BIEN DIGNE DU TITRE DE TROIS FOIS SAGE,
S'IL FUT EN EFFET TOUT ENSEMBLE,
SAGE, PRÊTRE ET ROI.

MÉTAPONTAINS,
SOYEZ ÉCONOMES
DANS LES DÉPENSES DE VOTRE CULTE.
LA PYTHIE DÉCLARA
HERMIONÉE
AMI DES DIEUX,
POUR NE LEUR AVOIR JAMAIS SACRIFIÉ
QU'UN PEU DE FARINE

CROTONIATES,
GARDEZ LE SOUVENIR
D'HILLISCUS,
QUI SE RETIRA DANS LES BOIS
POUR ÉTUDIER LES MŒURS

DE L'ABEILLE,
DE PRÉFÉRENCE A CELLES
DE L'HOMME,
ESCLAVE AU MILIEU DES VILLES.

FEMMES DE CROTONE,
GARDEZ LE SOUVENIR
D'HIERA,
ÉPOUSE DE TÉLÉPHE,
AUSSI BELLE QU'HÉLÈNE,
MAIS MOINS CONNUE,
PARCE QU'ELLE FUT SAGE.

GARDEZ LE SOUVENIR
DU CHASTE HIPPOLYTE.

JUSQUES DANS SON SOMMEIL,
JEUNE HOMME,
ADMIRE HOMÈRE.

CROTONIATES,
GARDEZ LA MÉMOIRE
D'HYRIEUS
QUI HONORA TANAGRE
PAR SES VERTUS HOSPITALIÈRES.

CROTONIATES,
RÉHABILITEZ LA MÉMOIRE
D'IACCHIS,
QU'ON DISAIT INVENTEUR DES TALISMANS.
IL N'ÉTAIT QUE MÉDECIN.

CITOYENNES DE CROTONE,
GARDEZ LE SOUVENIR
DE JANUS.
VOUS LUI DEVEZ L'INVENTION
DES COURONNES DE FLEURS.

CROTONIATES,
HONOREZ LE SOUVENIR
DU VIEUX JANUS.
REGRETTEZ L'EMPIRE
DE CE BON ROI.
TANT QU'IL VÉCUT,
LES MAISONS N'EURENT POINT DE PORTES.

CROTONIATES,
GARDEZ LE SOUVENIR
D'IAPIS.
IL PRÉFÉRA L'ÉTUDE DE LA MÉDECINE
A L'ART DES AUGURES.
IL EUT PU DEVENIR ILLUSTRE

PARMI LES HOMMES.
APOLLON LUI-MÊME S'OFFRAIT
DE LUI ENSEIGNER
A TOUCHER LA LYRE,
ET
A LANCER LE JAVELOT.
IL AIMA MIEUX APPRENDRE
LA VERTU DES PLANTES
POUR SOULAGER SON PÈRE INFIRME.

FAMILLES AGRICOLES,
RAPPELLEZ-VOUS DANS VOS FÊTES,
IDIS
BERGER SICILIEN,
INVENTEUR DE LA FLUTE PASTORALE.

CROTONIATES,
RENDEZ UN CULTE
AU JUPITER LABOUREUR
DES AZOTES.

GARDEZ LE SOUVENIR
D'IXION,
INVENTEUR DES ROUES HYDRAULIQUES.

PEUPLES!
BÉNISSEZ LE NOM

DE LYCANOR,
INVENTEUR DES TRÊVES DE GUERRE.

PEUPLES ITALIQUES,
HONOREZ TOUS LE NOM
DE LYCURGUE.
HONOREZ LYCURGUE.
IL PROSCRIVAIT L'OR ET L'ARGENT,
SOURCE DES CRIMES.

FAMILLES AGRICOLES,
AU JOUR DE LA RÉCOLTE
RAPPELLEZ A VOTRE SOUVENIR
LYTIERSE
EXCELLENT MOISSONNEUR PHRYGIEN.

CROTONIATES,
GARDEZ LE SOUVENIR
DE MAGUS (1
LE PREMIER ROI,
C'EST-A-DIRE,
LE PREMIER BERGER.

CROTONIATES,
GARDEZ LE SOUVENIR

---

1) SANCHONIATON.

DE MENESTHEUS,
POUR LES AVIS QU'IL DONNA
AUX ATHÉNIENS,
PRETS A SUBIR LE JOUG
DE THÉSÉE.

CITOYENNES DE CROTONE,
RESPECTEZ LA HONTE
DE MÉTRA
QUI VENDIT SES FAVEURS
POUR NOURRIR SON PÈRE.

GARDEZ LE SOUVENIR
DE MIMNERME,
IONIEN,
FILS DE PYGITIADE,
ET PÈRE DE LA MUSE ÉLÉGIAQUE.

PEUPLES !
PRINCES !
HONOREZ MINOS.
IL A DIT LE PREMIER :
LES LOIX SONT AU-DESSUS DES PRINCES
ET DES PEUPLES.

CROTONIATES,
RAPPELLEZ-VOUS QUE LE TEMPLE

DE CÉRÈS,
DOIT LUI ÊTRE COMMUN
AVEC LES MUSES.
LE CORPS DE L'HOMME VIT DE PAIN,
ET SA RAISON
DE SAGESSE ET D'HARMONIE. (1

GARDEZ LE SOUVENIR
DE MYLANTUS,
FILS DE LELEX,
QUI, LE PREMIER,
MOULUT LE GRAIN.

CROTONIATES,
HONOREZ LA MÉMOIRE
DE MYSCELLUS,
FONDATEUR DE CROTONE.
D'AUTRES LIEUX EUSSENT ÉTÉ PROPRES
AUX AVANTAGES DU COMMERCE.
IL PRÉFÉRA UN SITE
FAVORABLE A LA SANTÉ.

GARDEZ LE SOUVENIR
DE MYSON,

1) PORPHYR.

L'UN DES SEPT SAGES,
ET LE PLUS SAGE.
FILS DU PREMIER MAGISTRAT,
IL RÉPONDIT
A CEUX QUI VINRENT DANS SON CHAMP
LUI DEMANDER LA RÉFORME DES LOIX:
LAISSEZ MOI
RACCOMMODER MA CHARRUE.

GARDEZ DANS VOS FAMILLES
LE SOUVENIR DE NARCISSE,
NON PAS DE L'AMANT DE LUI-MÊME,
MAIS DE CELUI QUI FUT VICTIME
DE L'AMOUR FRATERNEL. (1

CROTONIATES,
HONOREZ LA MÉMOIRE
DE NAUCRUS, (2
INVENTEUR DES LETTRES
ET DES NOMBRES.
LES ÉGYPTIENS EN FONT UN DIEU.

PÈRES DE FAMILLE,
RAPPELLEZ-VOUS LE SAGE NESTOR,

---

1) PAUSAN.
2) OU NAUCRATÈS, ALEX. SARDUS.

POUR FAIRE PROSPÉRER SA MAISON,
IL N'Y VOULUT DE SERVITEURS
QUE SES ENFANS. (1

PEUPLES,
HONOREZ TOUS LA MÉMOIRE
DE NUMA,
QUI VOULAIT QUE TOUT CITOYEN
EUT SON CHAMP.

GARDEZ LE SOUVENIR
D'OLEN,
LE PLUS ANCIEN
DES POETES,
ET CELUI
QUI ADRESSA LE PREMIER HYMNE
AU SOLEIL.

GARDEZ LE SOUVENIR
D'OLLAVEFOLA,
LÉGISLATEUR DES ILES D'IERNA. (2
IL MÉRITA D'ÊTRE APPELLÉ
LE MUR DES SAGES.

1) EUSTATH.
2) IRLANDE.

GARDE LE SOUVENIR
D'ORPHÉE.
IL CONSEILLA AUX HOMMES
DE REJETTER L'USAGE
DE LA CHAIR DES ANIMAUX.

GARDE LE SOUVENIR
DU SAGE PÆON,
QUI DÉTERMINA, LE PREMIER,
LE CHOIX ET LA QUANTITÉ
DES ALIMENS DE L'HOMME. (1

GARDEZ LE SOUVENIR
DE PALÆPHATE,
QUI MOISSONNA LA VÉRITÉ,
DANS LE CHAMP DU MENSONGE.

GARDEZ LE SOUVENIR
DE PALAMÈDE,
INVENTEUR DES POIDS ET MESURES.

HOMMES DE GÉNIE,
RAPPELLEZ-VOUS PALAMÈDE.
APRÈS L'AVOIR TUÉ

1) JAMBLICH.

COMME UN SCÉLÉRAT,
LES GRECS L'ADORÈRENT
COMME UN DIEU.
AVEC LES PIERRES QUI AVAIENT SERVI
A SON SUPPLICE,
ILS LUI DRESSÈRENT UN AUTEL.

GARDEZ LE SOUVENIR
DE PATROCLE,
MODÈLE D'AMITIÉ.

MAGISTRATS,
GARDEZ LE SOUVENIR
DE PELETHRON,
QUI, LE PREMIER,
DONNA UNE BRIDE AU CHEVAL
ET DES LOIS AU PEUPLE. (1

RÉFORMATEURS DE PEUPLES,
GARDEZ LE SOUVENIR
DE PENTHÉE,
VICTIME DES THÉBAINS,
QU'IL VOULUT RENDRE SOBRES.

CROTONIATES,
GARDEZ LE SOUVENIR

1) LES LAPITHES.

DE PÉRIANDRE,
NON PAS LE TYRAN DE CORINTHE,
MAIS LE SAGE, SON CONTEMPORAIN,
QUI ÉCRIVIT EN VERS ÉLÉGIAQUES,
LES LOIS DE LA MORALE.

GARDEZ LE SOUVENIR
DE PHÉMIUS,
D'ITHAQUE.
IL APPLIQUA LE CHARME DE L'HARMONIE
A L'ENSEIGNEMENT
DE LA JEUNESSE DE SMYRNE.

CROTONIATES,
GARDEZ LE SOUVENIR
DES PHÉNICIENS,
NON PAR RECONNAISSANCE
DE LEURS DÉCOUVERTES,
MAIS PARCE QU'ILS ONT PROPAGÉ
LES INVENTIONS DES AUTRES PEUPLES.

HONORE LE NOM
DE PHÉRÉCIDE.
IL RENDIT A LA NATURE
L'HOMMAGE
QUE LES PEUPLES OFFRAIENT AUX DIEUX. [1]

---

1) WARBURTON.

CROTONIATES,
RAPPELLEZ A VOS MAGISTRATS
LA MÉMOIRE DE PHEYDON (1
LÉGISLATEUR DE CORINTHE,
ANTÉRIEUR A LYCURGUE, D'UN DEMI-SIÈCLE,
ET NON MOINS SAGE.

GARDEZ LE SOUVENIR
DE PHIDON,
D'ARGOS.
IL PERFECTIONNA LE COMPAS.

CONSERVEZ LE SOUVENIR
DE PHILAEUS.
NÉ ROI DE SALAMINE,
IL SE CONTENTA
D'ÊTRE CITOYEN D'ATHÈNES.

CRÉTOIS,
HONOREZ LE SOUVENIR
DE PHILOMÉLUS, (2
FONDATEUR DE L'AGRICULTURE
DANS VOTRE ILE.

1) POLIT. D'ARISTOT.
2) HYGIN.

MAGISTRAT,
VEILLE A CE QUE LES ENFANS DU PEUPLE
NE PRÉFÈRENT JAMAIS
LES FABLES MILÉSIENNES
AUX CHANTS ÉLÉGIAQUES DE PHOCYLIDE.
HONORE LA MÉMOIRE
DE CE POETE DES MŒURS.

HABITANS DE LA GRÈCE,
GARDEZ LE SOUVENIR
DE PHORONÉE.
CE LÉGISLATEUR PRÉVOYANT
SUBVINT AUX ANNÉES DE DISETTE
EN RETRANCHANT PRUDEMMENT
SUR LES JOURS DE L'ABONDANCE.

AIME TON PÈRE,
AIME MIEUX LA JUSTICE.
IMITE PHYLEUS,
FILS D'AUGEAS.

FAITES MÉMOIRE
DE PHYTALUS, (1
LE PREMIER
QUI CULTIVA LE FIGUIER.

1) PAUSAN.

CITOYENNES DE CROTONE,
S'IL S'ÉLEVAIT DES DISSENSIONS
ENTRE VOTRE CITÉ
ET LES PEUPLES VOISINS,
RAPPELLEZ-VOUS PIERIA.
ELLE MIT POUR CLAUSE A SON MARIAGE
LA PAIX ENTRE MYUNTE,
SA PATRIE,
ET LA VILLE NATALE
DE SON AMANT.

GARDEZ LE SOUVENIR
DE PIERIUS,
L'UN DES PREMIERS
QUI SACRIFIA AUX MUSES.

CROTONIATES,
GARDEZ LE SOUVENIR
DE PILUMNUS.
LES RUTULES EN FIRENT UN DIEU.
IL LEUR AVAIT APPRIS
A BROYER LES GRAINS.

GARDE LE SOUVENIR
DE PISISTRATE,
NON PAS COMME TYRAN D'ATHÈNES,

MAIS COMME FONDATEUR
DE LA PREMIÈRE BIBLIOTHÈQUE
DES ATHÉNIENS.

HONOREZ LA MÉMOIRE
DE PITHÉE.
IL PERSUADA LA SAGESSE
ET ENSEIGNA LA JUSTICE
AUX TROÉZÉNIENS.

JEUNES CITOYENS DE CROTONE,
NE DÉDAIGNEZ PAS LE SOUVENIR
DE PYTHUS,
INVENTEUR DU JEU DE PAUME.

FAMILLES AGRICOLES,
RAPPELLEZ-VOUS QUE PLUTUS
NAQUIT DE CÉRÈS
DANS UN CHAMP LABOURÉ TROIS FOIS.
AINSI L'A DIT HÉSIODE.

VÉNÈRE LE DIEU POINT, (1)
L'UNITÉ.
C'EST LE PÈRE DES DIEUX,

1) PUNCTUM.

DES HOMMES,
DE TOUTES CHOSES.
DANS LE GRAND ŒUF DE LA NATURE
ET DANS CELUI DE LA POULE,
LE GERME UNIVERSEL,
C'EST LE POINT. (1

PEUPLES AMIS DE LA GRÈCE,
RAPPELLEZ-VOUS CE QUE DIT
AUX GRECS,
QUI LE PRESSAIENT
DE LES ACCOMPAGNER DEVANT TROYE,
POLTRYS, ROI DE THRACE:
LES THRACES
NE SE BATTENT POINT POUR UNE FEMME.
NOUS EN DONNERONS DEUX
A PARIS,
S'IL VEUT RENDRE CELLE QU'IL A.

JEUNES CITOYENNES DE CROTONE,
NE DÉDAIGNEZ JAMAIS
LES DEVOIRS DE L'HOSPITALITÉ.
LE DIVIN HOMÈRE
REPRÉSENTE POLYCASTE,
FILLE DU SAGE NESTOR,
LAVANT LES PIEDS
A TÉLÉMAQUE.

1) BRODIGIN.

GARDEZ LA MÉMOIRE
DU MÉDECIN POLYCLÈTE.
IL REFUSA D'EMPOISONNER
PHALARIS,
PAR RESPECT POUR CETTE LOI:
NE PUNIS POINT LE CRIME
PAR LE CRIME.

CITOYENNES DE CROTONE,
RESPECTEZ LE SOUVENIR
DE POLYCRITE,
VIERGE DE NAXOS,
QUI, POUR DÉLIVRER SA PATRIE
ASSIÉGÉE PAR LES MILÉSIENS,
SE LIVRA A LEUR GÉNÉRAL.

CROTONIATES,
HONOREZ LA MÉMOIRE
DE POMPILIUS,
PÈRE DE NUMA.

GARDEZ LE SOUVENIR
DE PRONAPIDE. (1
IL CHANTA LE MONDE CRÉÉ.
MAIS LE PLUS BEAU DE SES OUVRAGES,
C'EST HOMÈRE.

1) OU PONAPIDÈS.

HOMÈRE
FUT SON ÉLÈVE.

FEMMES DE CROTONE,
JOIGNEZ-VOUS AUX ATHÉNIENNES.
RENDEZ UN CULTE
A LA PUDICITÉ. (1

CONSERVE LE NOM
DE PYKIUS,
ARCHITECTE DE PRIENNE.
IL ÉLEVA LE PREMIER TEMPLE
A MINERVE.

GARDEZ LE SOUVENIR
DE PYLADE
ET
D'ORESTE.

CHEFS DU PEUPLE,
RAPPELLEZ-VOUS QUELQUEFOIS
PYRANDER.
LAPIDÉ PAR LES ATHÉNIENS
COMME TRAITRE A LA PATRIE,
IL N'EN FUT QUE LE SAGE ÉCONOME.

1) STUCKIUS.

SOIS SOBRE :
ROMULUS
SE CONTENTAIT DE RAVES. (1

CROTONIATES,
FAITES COMME A ROME.
ÉLEVEZ UN TEMPLE
AU REPOS,
POUR SERVIR D'AZILE AUX VIEILLARDS.

HONOREZ LA MÉMOIRE
DE RHADAMANTE.
SA JUSTICE FUT SÉVÈRE,
ET NE FUT POINT TARDIVE. (2

CROTONIATES,
HONOREZ LA MÉMOIRE
DE ROMULUS,
NON PAS POUR AVOIR FONDÉ ROME
OU POUR L'AVOIR CONQUISE,
MAIS POUR Y AVOIR ÉTABLI
LES TRIBUNAUX DE FAMILLE. (3

1) SENEC. APOCOLOCYNTH.
2) PLAT. LEG. XII.
3) DION. HALIC.

HONOREZ LE SOUVENIR
DE SANCUS,
MAGISTRAT DES SABINS,
SI INTÈGRE
QU'ILS EN FIRENT
LE DIEU DE LA BONNE FOI. (1

CROTONIATES,
GARDEZ LE SOUVENIR
DE SANDION, (2
LIBÉRATEUR DE MÉGARE,
SA PATRIE.

CROTONIATES,
HONOREZ LA MÉMOIRE
DE SARUCH,
LE CHALDÉEN,
QUI, LE PREMIER,
DÉDIA UNE STATUE
AUX GENS DE BIEN. (3

FAMILLES AGRICOLES,
RENDEZ UN CULTE DE RECONNAISSANCE

1) DEUS FIDIUS. CHAUPY.
2) PAUSAN.
3) CEDREN.

A SATURNE,
INVENTEUR DE LA FAUX.

CROTONIATES,
GARDEZ LE SOUVENIR
DU BON SATURNE.
SOUS SA MAGISTRATURE,
LA SERVITUDE,
LA DOMESTICITÉ,
FURENT ABOLIES.
LES HOMMES VIVAIENT ÉGAUX.

PEUPLES,
HONOREZ SÉSOSTRIS,
NON POUR AVOIR CONQUIS LE MONDE,
MAIS POUR AVOIR RENDU
AUX ÉGYPTIENS
LA PROPRIÉTÉ DE LEURS TERRES.

PEUPLES,
CONSERVEZ LE SOUVENIR
DE SILÈNE,
DÉFIGURÉ PAR LES POETES,
SILÈNE,
LE LÉGISLATEUR
DES FAMILLES HUMAINES
QUI ONT PRÉCÉDÉ LES NATIONS!

GARDE LE SOUVENIR
DE SIRITÈS,
NOMADE LYBIEN,
QUI PERFECTIONNA
LA FLUTE PASTORALE. (1

HONOREZ LE SOUVENIR
DE SISYPHE,
FILS D'EOLUS,
PREMIER MAGISTRAT D'EPHYRE.
SOUS SON ADMINISTRATION,
NUL NE MOURUT
DE MORT VIOLENTE.

PÈRE DE FAMILLE,
METS DANS LES MAINS DE TES FILS
LES ÉLÉGIES DE SOLON.

JEUNES FILLES DE CROTONE,
HONOREZ LA MÉMOIRE
DE SOLON,
QUI A DÉFENDU AUX ÉPOUX
DE RECEVOIR UNE DOT.

1) GOULLEY.

GARDEZ LE SOUVENIR
DE SPARGAPIZÈS
FILS DE TOMYRIS.
ESCLAVE DE CYRUS,
IL LUI DEMANDA L'USAGE DES MAINS
POUR S'OTER LA VIE
DONT IL NE VOULAIT PLUS
AVEC L'ESCLAVAGE.

CROTONIATES,
AIMEZ LE SOUVENIR
DE STAPHILUS,
LE PREMIER
QUI MARIA BACCHUS AUX NYMPHES. (1

NATIONS ITALIQUES,
NE NÉGLIGEZ POINT LA MÉMOIRE
DE STERCUTUS
QUI APPRIT AUX RUTULES
LE PRIX DES ENGRAIS.

GARDEZ LE SOUVENIR
DE STÉSICHORE,
BON CITOYEN,

---

1) LE VIN A L'EAU, CE QUE PYTAGORE DIT AUSSI D'ACHÉLOUS.

POETE SUBLIME.
S'IL NE PUT ADOUCIR LA TYRANNIE
DE PHALARIS,
C'EST QU'UN TYRAN TEL QUE PHALARIS
NE PEUT ÊTRE ADOUCI.

CROTONIATES,
FAITES ACCUEIL AUX POEMES
DE SUSARION,
D'ICARIE.
LES ATHÉNIENS
QUI PROSCRIVIRENT LE POETE,
CRAIGNAIENT MOINS LE CYNISME DE SA MUSE
QUE L'AUSTÉRITÉ DE SA CENSURE.

CROTONIATES,
GARDEZ LE SOUVENIR
DE SYDIC, (1
UN DE VOS BIENFAITEURS.
IL A TROUVÉ LE SEL.

CONSERVEZ LA MÉMOIRE
DE SYLVAIN,
LE LÉGISLATEUR DES CAMPAGNES,

---

1) SANCHONIATON.

ET
LE MAGISTRAT DES BERGERS.

GARDEZ LE SOUVENIR
DE SYROPHANES,
QUI INVENTA LES STATUES
A L'IMAGE DE L'HOMME.
PRIVÉ DE SON FILS,
IL NE LUI SURVÉCUT
QUE POUR PÉTRIR SA RESSEMBLANCE
DANS LA MOLLE ARGILE.
L'ART DU STATUAIRE
NAQUIT DE L'AMOUR PATERNEL.

GARDE LE SOUVENIR
DE TALUS OLANIUS.
AVANT QUE BRUTUS EUT CHASSÉ TARQUIN,
IL AVAIT CHASSÉ MÉZENCE.

GARDEZ LE SOUVENIR
DE TALUS,
NEVEU DE DÉDALE.
IL INVENTA
LE TOUR DU POTIER
ET
LA SCIE.

CITOYENNES DE CROTONE,
SI VOUS ALLEZ JUSQU'A ROME,
TOUCHEZ LA QUENOUILLE
ET LES FUSEAUX
DE TANAQUILLE,
ÉPOUSE DE TARQUIN L'ANCIEN,
ENCORE CHARGÉS DE LA LAINE
QU'ELLE FILAIT ELLE-MÊME
POUR LES HABITS DE SON ÉPOUX.

PEUPLE ENTOURÉ DE NATIONS EN GUERRE,
IMITE LES INSULAIRES TAPHIENS.
PENDANT LE SIÈGE DE TROYE,
ILS NAVIGUAIENT.

CITOYENNES DE CROTONE,
HONOREZ LE SOUVENIR
DE TATIA.
ÉPOUSE DE NUMA,
ET FILLE D'UN ROI,
ELLE AIMA MIEUX VIVRE AUX CHAMPS
AVEC SON MARI
QUE SUR LES MARCHES D'UN TRONE.

GARDEZ LE SOUVENIR
DES TEAHUR,
DEUX FRÈRES QUI VIVAIENT

DANS L'ÎLE SACRÉE D'IERNA. (1
L'UN FONDA LE CULTE DU SOLEIL,
ET L'AUTRE LA CHARRUE.

CROTONIATES,
HONOREZ D'UN CULTE ASSIDU
LE DIEU TERMINAL.
LA JUSTICE EN FAIT UN DEVOIR,
LE BON ACCORD EN RÉSULTE.

CROTONIATES,
GARDEZ LA MÉMOIRE
DE TERPANDRE,
DONT LA LYRE APPAISAIT
LES DISCORDES CIVILES.

MÈRES DE FAMILLE,
GARDEZ LE SOUVENIR
DE TETH MOSIS, (2
QUI FIT CESSER DANS HÉLIOPOLIS
LA COUTUME DES PHÉNICIENS,
SACRIFICATEURS DES ENFANS.

1) IRLANDE.
2) NEUTON, CHRON. ABREG.

FEMMES DE CROTONE
ET DE TOUTES LES VILLES DU MONDE,
HONOREZ LA MÉMOIRE
DE THÉANO,
FEMME DE PYTHAGORE.
INTERROGÉE
COMBIEN IL FAUT DE JOURS A UNE FEMME
POUR ÊTRE PURE
EN SORTANT DES BRAS D'UN HOMME,
ELLE RÉPONDIT :
S'IL ÉTAIT SON MARI,
ELLE N'A POINT CESSÉ D'ÊTRE PURE.
S'IL NE L'ÉTAIT PAS,
ELLE NE LE SERA JAMAIS. (1

GARDE LE SOUVENIR
DE THÉODORE,
ARCHITECTE SAMIEN,
INVENTEUR DE LA RÈGLE
ET DU NIVEAU.

CROTONIATES,
CONSERVEZ LA MÉMOIRE
DE THÉOPOMPE,
ROI DE LACÉDÉMONE.
IL PROVOQUA LUI-MÊME

1) CETTE APOTHÉOSE EST ATTRIBUÉE A LYSIS.

L'INSTITUTION DE CINQ MAGISTRATS,
CHARGÉS DE SURVEILLER LE TRONE.

GARDEZ LA MÉMOIRE
DE THESPIS,
FONDATEUR DE L'ART DRAMATIQUE.

AMIS DES SAINTES MŒURS,
GARDEZ LE SOUVENIR
DE THOUIN,
MAGISTRAT DE CANOPE.
IL REFUSA UN ASILE
DANS LE TEMPLE DE SÉRAPIS
AU RAVISSEUR D'HÉLÈNE.

HONORE LA MÉMOIRE
DE TIRÉSIAS
QUI NE MENTIT JAMAIS.

MINISTRES DE LA SANTÉ,
RAPPELLEZ-VOUS TOXARIS.
IL CROYAIT LA CONFIANCE DES ATHÉNIENS
PLUS PUISSANTE QUE SES REMÈDES.

CROTONIATES,
SI VOUS NAVIGUEZ,

QUE CE SOIT COMME TRIPTOLÈME.
PORTEZ
LE FROMENT
QUE VOUS AVEZ DE TROP
AUX PEUPLES
QUI N'EN ONT PAS ASSEZ.

GARDEZ LE SOUVENIR
DE TULLUS HOSTILIUS,
ROI DE ROME.
IL DISTRIBUA
AUX CITOYENS SANS PROPRIÉTÉ,
LES TERRES DU DOMAINE ROYAL,
ET LES ABANDONNA
POUR L'HÉRITAGE PATERNEL.

SOUVENEZ-VOUS
DE TYPHIS,
INVENTEUR DU GOUVERNAIL.

PEUPLE CROTONIATE,
GARDE LE SOUVENIR
DE TYRTHÉE.
RÉPÈTE SES CHANTS BELLIQUEUX
QUAND TU SERAS EN GUERRE
POUR UNE CAUSE JUSTE.

LA GRÈCE
EST REMPLIE DE TEMPLES
A VÉNUS COURTISANE.
FEMMES DE CROTONE,
AYEZ LA GLOIRE D'ÉLEVER UN TEMPLE
A VÉNUS ÉPOUSE.

CITOYENNES DE CROTONE,
HONOREZ VESTA,
LA PREMIÈRE FEMME QUI APPRIT A L'HOMME
LE BESOIN D'UNE DEMEURE FIXE,
ET LES AVANTAGES
DE LA VIE DU FOYER. (1

JEUNE HOMME,
HONORE LES VIEILLARDS.
ILS SONT LES DIEUX DU JEUNE AGE.
HONORE SUR-TOUT
LE VIEILLARD
DE L'AGE DE TON PÈRE.

CROTONIATES,
GARDEZ LE SOUVENIR
DE VISCHNOU,
LÉGISLATEUR DE L'INDE,
ET L'UN DES INVENTEURS
DE LA MÉTEMPSYCOSE.

1) DIOD. SICUL.

PEUPLE AMI
DE LA SIMPLICITÉ PREMIÈRE,
GARDE LE SOUVENIR
D'ULYSSE,
QUI AVAIT FABRIQUÉ DE SES MAINS
LE LIT NUPTIAL
DE PÉNÉLOPE.

CROTONIATES,
GARDEZ LE SOUVENIR
DE VULCAIN,
INVENTEUR DU SOC DE LA CHARRUE.

LÉGISLATEUR,
RECOMMANDE AU PEUPLE
LES VULCANIES.
LE DIEU DU TRAVAIL
MÉRITE LA PREMIÈRE DES FÊTES.

CITOYENNES DE CROTONE,
GARDEZ LE SOUVENIR
DE XÉNOCLÉE,
PRÊTRESSE DE DELPHES.
ELLE REFUSA DE RÉPONDRE
A HERCULE,
SOUILLÉ DE SANG HUMAIN.

CROTONIATES,
GARDEZ LE SOUVENIR
DE XÉNOPHANES,
POETE ET PHILOSOPHE,
QUI PRÉFÉRA L'ÉTUDE DE LA NATURE
A CELLE DU CULTE.

CITOYENNES DE CROTONE,
HONOREZ ZARINE,
QUI FUT REINE ET SAGE.

GARDEZ LE SOUVENIR
DE ZÉTHUS,
FRÈRE D'AMPHION.
IL PRÉFÉRA LA HOULETTE DU PASTEUR
A LA LYRE DU POETE.

IMPRECATIONS

DE

PYTHAGORE.

A CROTONE.

IMPRECATIONS DE PYTHAGORE.

CROTONIATES,
A L'ISSUE D'UN COMBAT,
N'IMITEZ POINT ACHILLE.
NE FAITES POINT TRAFIC
DE CADAVRES.

SOIT FLÉTRI DANS LA MÉMOIRE
LE NOM D'ADRASTE,
ROI DE SICYONE,
POUR AVOIR BATI UN TEMPLE
A LA VENGEANCE. (1

CROTONIATES,
FLÉTRISSEZ LA MÉMOIRE
D'AGIS,
FILS D'EURYSTÈNE,
AUTEUR DE L'ESCLAVAGE
DES ILOTES.

1) PAUSAN.

MAGISTRATS
D'UN PEUPLE QUI A DES MŒURS,
SACRIFIEZ A VULCAIN
LES VERS D'ANACRÉON.

ANCUS,
ROI DE ROME,
MIT UN SUBSIDE SUR LE SEL.
CRAIGNEZ QUE LES TYRANS
N'EN METTENT SUR L'AIR.

CROTONIATES,
REFUSEZ UNE PLACE DANS VOS TEMPLES
A JUPITER APATURIUS. (1)
PÉRISSENT LES CULTES
PLUTOT QUE LA FOI JURÉE.

LÉGISLATEUR,
PRÉPARE TOI PAR LE SILENCE
A TA GRANDE MISSION.
MAIS DÉDAIGNE
LE CHARLATANISME DE BATTUS,
QUI CONTREFIT LE BÉGUE
POUR FAIRE CROIRE
AUX INSULAIRES DE THÉRA
QUE LES DIEUX
LUI AVAIENT DÉLIÉ LA LANGUE.

1) TROMPEUR.

CROTONIATES,
FLÉTRISSEZ LE SOUVENIR
DE BÉLUS,
LE PREMIER PARMI LES HOMMES
QUI VOULUT SE FAIRE PASSER
POUR UN DIEU.

BERGERS DE LUCANIE
SOUVENEZ-VOUS DE CACUS,
VOLEUR DE TROUPEAUX,
QUI FUT PUNI PAR HERCULE.

CROTONIATES,
GARDEZ-VOUS DES MAGISTRATS
TELS QUE CHARILAUS,
ROI DE SPARTE.
IL NE FUT PAS MÉCHANT ENVERS LES MÉCHANS.

SOIT A JAMAIS FLÉTRI LE NOM
DES INSULAIRES DE CHIO,
S'ILS FURENT LES PREMIERS
QUI ACHETÈRENT DES ESCLAVES.

SOIT FLÉTRIE LA MÉMOIRE
DE DENNUS LE MANTINÉEN,
QUI, LE PREMIER,
DONNA DES LEÇONS D'ARMES.

SOIT FLÉTRIE LA MÉMOIRE
DU PRÊTRE DIOME,
QUI, LE PREMIER,
COMMIT LE MEURTRE D'UN BŒUF.

CROTONIATES,
VOUEZ A L'EXÉCRATION DES SIÈCLES
LE SOUVENIR D'ÉRECTÉE,
PÈRE DE PRAXITHÉA,
QUI, POUR OBTENIR UNE VICTOIRE,
IMMOLA L'AINÉE DE SES FILLES.

NE PLACE POINT TA FEMME
ENTRE SON DEVOIR
ET SA PARURE.
SOUVIENS-TOI D'ÉRIPHYLE,
ÉPOUSE D'AMPHIARAUS,
QUI PRÉFÉRA UN COLLIER D'OR
A LA VIE DE SON MARI.

CITOYENNES DE CROTONE,
FLÉTRISSEZ LE NOM
DE GORGOPHONE,
FILLE DE PERSEUS,
LA PREMIERE QUI DONNA DANS ARGOS,
LE SCANDALE D'UNE VEUVE
PASSANT A DE SECONDES NOCES.

SOIT FLÉTRIE LA MÉMOIRE
D'HIPERBIUS,
QUI, LE PREMIER,
TUA UN ANIMAL PAISIBLE.

CROTONIATES,
VOUEZ AU MÉPRIS LA MÉMOIRE
D'HIPPONAX,
POETE D'ÉPHÈSE,
INVENTEUR DE LA PARODIE.

SOIT FLÉTRIE LA MÉMOIRE
D'ION,
PREMIER LÉGISLATEUR
DE L'ATTIQUE.
LE PEUPLE AVAIT DES MŒURS PURES.
IL LUI DONNA DES LOIS RELIGIEUSES. (1

FLÉTRISSEZ LA MÉMOIRE
D'IXION,
LE PREMIER HOMICIDE
QUI PARUT EN GRÈCE.

CROTONIATES,
FERMEZ VOS TEMPLES

1) PLUTARCH.

A LAVERNE,
DÉESSE IMPURE,
QUI N'A POINT JUSTIFIÉ ROME
DES CRIMES DE SA FONDATION.

CROTONIATES,
DÉTESTEZ LA MÉMOIRE
DE LYNCEUS,
IL VIOLA LE SEIN DE SA NOURRICE. (1

CROTONIATES,
GARDEZ LE SOUVENIR
DES MASSAGÈTES
POUR LES MÉPRISER.
LEUR DÉFAITE NE COUTA A CYRUS
QU'UN BANQUET.

CROTONIATES,
FLÉTRISSEZ LA MÉMOIRE
DE MÉLAMPUS,
QUI SUBSTITUA CHEZ LES GRECS
LES DIEUX AUX ASTRES.

SOIT EXÉCRÉE LA MÉMOIRE
DE NINUS,

---

1) IL FOUILLA LA TERRE POUR EN ARRACHER LES MÉTAUX.

PALÆPHAT.

S'IL FUT LE PREMIER
QUI FIT DE LA GUERRE UNE PROFESSION.

CROTONIATES,
CONDAMNEZ LA MÉMOIRE
DE NINUS.
POSSESSEUR D'UNE MER D'OR,
IL FUT AVARE DE JUSTICE.

PEUPLE
TROP CRÉDULE AUX APPARENCES,
SONGE A NIRÆUS,
ROI DE NAXOS,
LE PLUS BEAU ET LE PLUS LACHE DES GRECS.

CROTONIATES,
EXÉCREZ LA MÉMOIRE
DE PÉRIANDRE,
MAIS SACHEZ CE QU'IL FIT DE BIEN.
IL ABOLIT LA SERVITUDE DOMESTIQUE.

MAGISTRATS,
FLÉTRISSEZ PUBLIQUEMENT CHAQUE ANNÉE
LE POEME DE PÉRIANDRE
QU'IL INTITULA,
LES LOIS DE LA TYRANNIE.

STATUAIRES,
RAPPELLEZ-VOUS PERILLUS
ET DITES :
PÉRISSENT COMME LUI
CEUX QUI FERONT DE LEURS TALENS
UN AUSSI EXÉCRABLE USAGE. (1

CROTONIATES,
POUR CONSERVER A JAMAIS
L'HORREUR DE LA TYRANNIE
ET DES TYRANS,
CONSERVEZ LE SOUVENIR
DE PHALARIS.

CRAIGNEZ, MÉTAPONTAINS,
LA DÉESSE POPULONIE.
EN FAIT D'HOMMES
ET DE LOIX,
PRÉFÉREZ LA QUALITÉ
A LA QUANTITÉ.

N'ÉPOUSE POINT LA FEMME
QUI N'ENTEND POINT AVEC MÉPRIS
LE RÉCIT
DES BRILLANTES AVENTURES
DE RHODOPE.

1) LE TAUREAU DE PHALARIS.

VOYAGEUR,
NE T'ARRÊTE POINT A SCYROS.
LES FILLES DE SCYROS
EURENT PLUS DE POUVOIR SUR ACHILLE
QUE LES SYRÈNES
SUR ULYSSE.

FLÉTRISSEZ LA MÉMOIRE
DE SOLON,
S'IL A INSTITUÉ
DES LIEUX DE DÉBAUCHE PUBLIQUE. (1

CROTONIATES,
VOUEZ A L'EXÉCRATION
LES DEUX TARQUINS,
QUI RÉGNÈRENT PAR LES SUPPLICES.

CROTONIATES,
EXÉCREZ LA MÉMOIRE
DE TEUCER,
FILS DE TÉLAMON,
SI CE FUT LUI QUI FONDA
UNE VICTIME HUMAINE
A L'AUTEL DES DIEUX DE SALAMINE.

1) BRASSICAN. AD PETRON.

SOIT FLÉTRIE LA MÉMOIRE
DE THÉSÉE.
IL FIT DES LOIS SAGES,
MAIS IL ENLEVA UNE FILLE A SON PÈRE.

CROTONIATES,
SOYEZ SAGES APRÈS LA VICTOIRE.
N'IMITEZ POINT THÉSÉE
QUI DÉSHONORAIT LA FEMME
DE L'ENNEMI VAINCU.

FLÉTRISSEZ LE SOUVENIR
DE THRASON.
S'IL ÉLEVA LA PREMIÈRE MURAILLE.

PÉRISSE LA MEMOIRE
DE TRYPHON,
POUR AVOIR INSPIRÉ LE GOUT
DE LA PIRATERIE
AUX PEUPLES QUI SONT PLACÉS
ENTRE LE MONT TAURUS
ET
LA MER DE CILICIE.

CROTONIATES
FLÉTRISSEZ L'INVENTEUR DU VERROU.

LXIII

QUE LA MÉMOIRE DE ZÉTHUS
SOIT FLÉTRIE,
S'IL EXIGEA LE PREMIER
UN INDIGNE SALAIRE
POUR ENSEIGNER LES LOIS DE L'HARMONIE. (1

(1) PALÉPHAT.